Angelika Massenkeil & Pammi Panesar

Window-Color
für jeden Monat

ENGLISCH
VERLAG

Die Deutsche Bibliothek – CIP-Einheitsaufnahme
Window-Color – für jeden Monat/Angelika Massenkeil und Pammi Panesar. – Wiesbaden: Englisch, 2000
ISBN 3-8241-0990-5

© by Englisch Verlag GmbH, Wiesbaden 2000
ISBN 3-8241-0990-5
Alle Rechte vorbehalten. Nachdruck, auch auszugsweise, verboten.
Fotos: Frank Schuppelius
Herstellung: Michael Feuerer
Printed in Spain

Inhaltsverzeichnis

Vorwort

Nicht umsonst erfreut sich Window-Color immer größerer Beliebtheit – Jung und Alt sind gleichermaßen von diesem Hobby fasziniert! Denn ein Window-Color-Bild herzustellen ist schon einfach – noch einfacher aber ist es, das Bild anzubringen. Man braucht weder Hammer und Nagel noch komplizierte Dübel oder Bohrmaschinen. Nach einer Vorlage wird die wasserlösliche Window-Color-Farbe auf eine Folie aufgemalt und nach dem Trocknen von dieser Folie abgezogen. Man hält das fertige Bild in den Händen und drückt es zum Befestigen auf eine Fensterscheibe oder auf eine andere beliebige Glas- oder Kunststofffläche. Auch auf Fliesen haften die Folienbilder sehr gut. Die Transparenz der Farben garantiert eine ungeheure Leuchtkraft, sodass die Window-Color-Motive überall farbenfrohe Akzente setzen. Sie lassen sich dabei beliebig oft abnehmen und an anderer Stelle wieder anbringen.

Die hier vorgestellten Motive für jeden Monat können somit zum abwechslungsreichen Blickfang an Ihrem Fenster werden, denn die bunte Auswahl reicht von den ersten Blumen der Frühjahrsmonate und Früchten im Sommer über den herbstlichen Kürbis bis hin zu Schneemann und Ilexzweig.

Viel Freude bei der Auswahl Ihrer Monatsmotive wünschen
Angelika Massenkeil & Pammi Panesar

Material und Werkzeug

Um die vorgestellten Motive mit Window-Color zu gestalten, sollten Sie sich folgendes Material und Werkzeug zurechtlegen:

✦ Window-Color-Farben
✦ Konturenfarbe in Schwarz, Grau oder Bleimetallic
✦ Malspitzen zum Aufschrauben auf die Flaschen, Ø 0,7 mm hat sich gut bewährt
✦ Prospekthüllen aus Polyäthylen als Maluntergrund oder Window-Color-Spezialfolie
✦ Wattestäbchen
✦ Holzspieß oder Zahnstocher
✦ Küchenkrepp
✦ Stecknadel (zum Zerstechen der Luftblasen)
✦ Kreppband
✦ Permanentstift in Schwarz
✦ kleine spitze Schere

Window-Color-Farben werden von vielen Herstellern unter verschiedenen Produktbezeichnungen angeboten. Es ist eine wasserlösliche Acrylfarbe. In der Regel sind die Farben eines Herstellers untereinander mischbar; Farben von verschiedenen Herstellern können jedoch nicht miteinander vermischt werden.

Tipp: Die Farben werden direkt aus der Flasche aufgetragen, d.h. man braucht keinen Pinsel. Achten Sie beim Kauf darauf, dass die Flasche gut in der Hand liegt und aus weichem Kunststoffmaterial ist, damit man nicht so fest drücken muss.

Da die Farbe unmittelbar auf Folie gemalt wird, damit man das fertige Bild hinterher von der Folie abziehen kann, ist es ganz wichtig, die richtige Folie zu verwenden. Folien mit einem PVC-Anteil sollten Sie nicht benutzen; denn die fertigen Bilder lassen sich nicht unbeschadet von diesen Folien abziehen. Gut geeignet sind Prospekthüllen.

Achten Sie darauf, dass Ihre Hülle eine glatte Oberfläche besitzt, da sich Strukturen des Malgrundes auf Ihr späteres Bild übertragen. Alle Motive dieses Bändchens wurden auf DIN-A4-Prospekthüllen gemalt.

Im Handel sind allerdings auch Spezialfolien für Window-Color erhältlich. Hier müssen Sie jedoch aufpassen, denn es wird auch eine Folie angeboten, auf der das fertige Bild verbleibt, d.h. man kann das fertige Bild nicht davon abziehen. Sie wird z.B. bei Mobiles verwandt. Desweiteren gibt es eine Spezialfolie, von der das fertige Bild abgezogen werden kann.

Grundanleitung

1. Wählen Sie ein Motiv vom Vorlagebogen aus und legen Sie eine Prospekthülle darüber. Damit beim Malen nichts verrutschen kann, kleben Sie beides am besten mit Kreppband auf dem Tisch fest. Auf DIN-A4-Papier abgepauste Motive kann man auch in die Prospekthülle hineinschieben. So kann die Vorlage beim Malen der Umrisslinien nicht verrutschen.

2. Die Flaschenspitze der Konturenfarbe wird – je nach Herstellerangabe – entweder mit einer festen Nadel durchgestoßen oder abgeschnitten. Die Konturen der Vorlage werden nun mit der Konturenfarbe direkt aus der Flasche aufgetragen. Soll die Kontur sehr fein ausfallen, sollte man eine Malspitze auf die Flasche aufsetzen. Diese Malspitzen sind aus Metall und werden einfach auf die Spitze der Flasche aufgesetzt. Wir haben übrigens bei sämtlichen Motiven die Konturenfarbe ohne Malspitze direkt aufgetragen.

Beim Auftragen der Kontur wird die Flasche senkrecht nach unten gehalten. Die Linien zieht man mit leichtem Druck langsam nach. Die Konsistenz der Konturenmittel ist unterschiedlich. Manche Mittel sind dünn-, andere dickflüssiger. Bevor wir mit einer Arbeit beginnen, ziehen wir immer ein paar Probelinien auf einer separaten Folie. Ist das Konturenmittel dickflüssiger, drückt man stärker auf die Flasche und zieht die Linie sehr langsam; ist es dünnflüssig, braucht man nur leicht auf die Flasche zu drücken und kann die Linie etwas schneller ziehen. Entscheidend ist, dass der Konturenstrang nicht abreißt. Die Konturenfarbe lässt sich im feuchten Zustand einfach wegwischen. Kleine Ausrutscher können deshalb mit einem Wattestäbchen korrigiert werden, für größere Teile verwenden Sie Küchenkrepp.

Lassen Sie nun die Konturen unter Beachtung der Herstellerangabe trocknen. Falls Sie nach dem Trocknen eine falsche Linie entdecken, so können Sie diese leicht anheben und mit einer kleinen spitzen Schere herausschneiden. Nun malen Sie mit dem Konturenmittel die Linie an die richtige Stelle. Natürlich muss diese neue Linie mit den vorher gemalten Umrisslinien verbunden werden.

Anmerkung: Wenn eines Ihrer Hobbys Seidenmalen ist, dann wird Ihnen der Konturenauftrag mit der Window-Color-Konturenflasche sehr leicht fallen!

3. Nachdem die Konturenpaste gut durchgetrocknet ist (beachten Sie die Herstellerangaben), werden die Flächen ausgemalt. Die Farbe wird wieder direkt aus der Flasche mit der Flaschenspitze aufgetragen. Sie darf dabei nicht zu dünn aufgetragen werden, denn sonst zerreißt das Bild später beim Abziehen von der Folie. Tragen Sie die Farbe so auf, dass sie unmittelbar bis an die

Kontur reicht. In die Ecken schieben Sie die Farbe mit einem Holzspießchen. Malen Sie so Farbfeld nach Farbfeld aus. Vergewissern Sie sich nach jedem Farbfeld, ob die Farbe bis an die Kontur reicht. Dazu heben Sie die Folie vorsichtig an und halten die Malerei ans Licht. Reicht die Farbe nicht bis an die Kontur, so wiederholen Sie an dieser Stelle den Farbauftrag. Das geht allerdings nur, solange die Farbe noch feucht ist. Ist die Farbe schon trocken, wenn Sie reparieren, wird das Nachbessern später am Fenster sichtbar. Aber das ist immer noch besser, als wenn das Bild beim Abnehmen von der Folie an dieser Stelle einreißt.

Schattierungen innerhalb eines Farbfeldes erreicht man durch das Auftragen von zwei oder drei Farben innerhalb eines Feldes. Mit einem Holzspießchen oder einem Zahnstocher werden die Farben ineinander verzogen. Die Farben erhalten übrigens erst nach dem Trocknen ihre Transparenz.

Bei sehr filigranen Motiven, wie z. B. den Schwertlilien, werden die freien Zwischenräume mit transparenter Farbe ausgemalt. Das gibt dem Bild zusätzlich Stabilität.

Window-Color-Malfarben dürfen nicht geschüttelt werden, da sonst Luftbläschen entstehen. Eventuelle Luftblasen stechen Sie sofort mit einer Nadel auf und tragen hier erneut Farbe auf, denn solange die Farbe frisch aufgetragen ist, sind noch Korrekturen möglich.

Zarte Blattadern und sehr feine Linien tragen Sie nach dem Trocknen des Bildes mit einem wasserunlöslichen schwarzen Permanentstift auf.

4. Mit dem Abheben des fertigen Bildes von der Folie sollten Sie unbedingt so lange warten, bis das Bild vollständig trocken ist. In der Regel ist das nach 24 Stunden der Fall. Achten Sie aber auf die Angaben des Farbherstellers. Ist der Farbauftrag sehr dick, so warten Sie lieber einige Stunden länger.

Reinigen Sie die Glasscheibe, auf die Sie das Window-Color-Bild anbringen wollen, gründlich mit Essigwasser und trocknen Sie die Scheibe gut ab. Bringen Sie nun das Bild an. Window-Color-Motive sind selbsthaftend. Gefällt es Ihnen an dieser Stelle nicht, so können Sie es problemlos wieder abnehmen und auf einer anderen sauberen Scheibe anbringen. Beim Putzen der Fenster brauchen Sie die Bilder nicht abzunehmen. Sie können einfach mit einem feuchten Lappen ohne scharfe Putzmittel darüber wischen. Sie können Motive aus Window-Color auf allen glatten Flächen wie Glas, Spiegel und Kacheln anbringen.

Nimmt man die Bilder öfters ab und bringt sie woanders wieder an, verlieren sie mit der Zeit an Elastizität und brechen. Auch sollten Sie bei sehr kalter Witterung die Bilder nicht abnehmen, denn durch die Kälte sind sie unelastisch und können brechen.

5. Möchten Sie ein Bild verschenken, so packen Sie es zwischen zwei Prospekthüllen und wickeln es erst dann in Geschenkpapier ein. Nur in Papier eingewickelt, würde es am Papier festkleben.

Hilfreiche Tipps

Hier noch einige hilfreiche Tipps vorab:

1. Richten Sie Ihren Arbeitsplatz bequem ein und so, dass das Licht möglichst von links kommt (für Linkshänder gilt natürlich der Lichteinfall von rechts!).

2. Bewahren Sie die Farbflaschen auf dem Kopf stehend auf und stellen Sie die Farben – wenn Sie sie während des Malens wechseln – immer auf den Kopf, um Lufteinschlüsse zu vermeiden. Im Hobbyfachhandel gibt es einen speziellen Aufbewahrungskasten aus Kunststoff.

3. Sollte die Flaschenspitze verstopft sein, so stechen Sie sie mit einer langen Nadel wieder auf.

4. Um schöne gleichmäßige Konturen zu erhalten, führen Sie die Malspitze immer nur in eine Richtung. Denn wenn Sie zuerst eine Linie von links nach rechts malen und führen dann den Bogen weiter von rechts nach links, so erhalten Sie auf dem letzten Stück (von rechts nach links) eine Doppellinie. Sie können auch versuchen, die Malflasche etwas anzuheben.

6. Beim Ausmalen der Flächen muss die Farbe unbedingt direkt bis an die Kontur geführt werden. Es ist besser, etwas auf der Konturenlinie zu malen, als bis kurz davor. Haben Sie einmal etwas Farbe auf die Konturenlinie gemalt, so sieht man das später am Fenster nicht. Lücken im Farbauftrag am Konturenrand fallen hingegen deutlich auf.

7. Tragen Sie die Farbe dick auf, damit das Bild später beim Abnehmen nicht reißt.

8. In die feuchte Farbe können Sie Metallicflitter und kleine Glasperlen (Rocailles 2,0 mm) einstreuen, um zusätzliche Effekte zu erhalten.

9. Wechseln Sie die Folien-Bilder am Fenster nicht bei hohen und niedrigen Außentemperaturen; bei hohen ziehen sie sich beim Ablösen in die Länge, bei niedrigen brechen sie. Im Sommer wechselt man die Bilder am besten morgens aus; im Winter erwärmt man sie vor dem Auswechseln am besten kurz mit dem Fön.

Motive rund ums Jahr

1. Tulpen

Material

- Konturenfarbe in Bleimetallic
- Window-Color in Rosa, Pink, Hellgrün, Dunkelgrün, Bernstein, Hellbraun, Gelb und Mittelblau, Dunkelblau, Schwarz, Transparent und Orange
- Folie

Anleitung

Die Vorlage für unser Tulpenmotiv passt genau auf eine DIN-A4-Prospekthülle. Legen Sie die Vorlage unter die Folie und malen Sie zuerst die Umrisse mit der Konturenfarbe. Lassen Sie die Konturenfarbe eine halbe Stunde antrocknen und malen Sie dann die Tulpenblüten wie abgebildet aus. Wenn Sie zwei Farben in ein Blütenblatt geben, so verziehen Sie diese mit dem Holzstäbchen. Malen Sie nun die Blätter und Stängel in Hell- und Dunkelgrün aus. Tragen Sie Bernstein für den Holzschuh auf und malen Sie den Schmetterling aus. Lassen Sie die Farben etwas antrocknen und malen Sie dann die Zwischenräume zwischen den Blättern und rund um den Schmetterling mit transparenter Farbe aus.

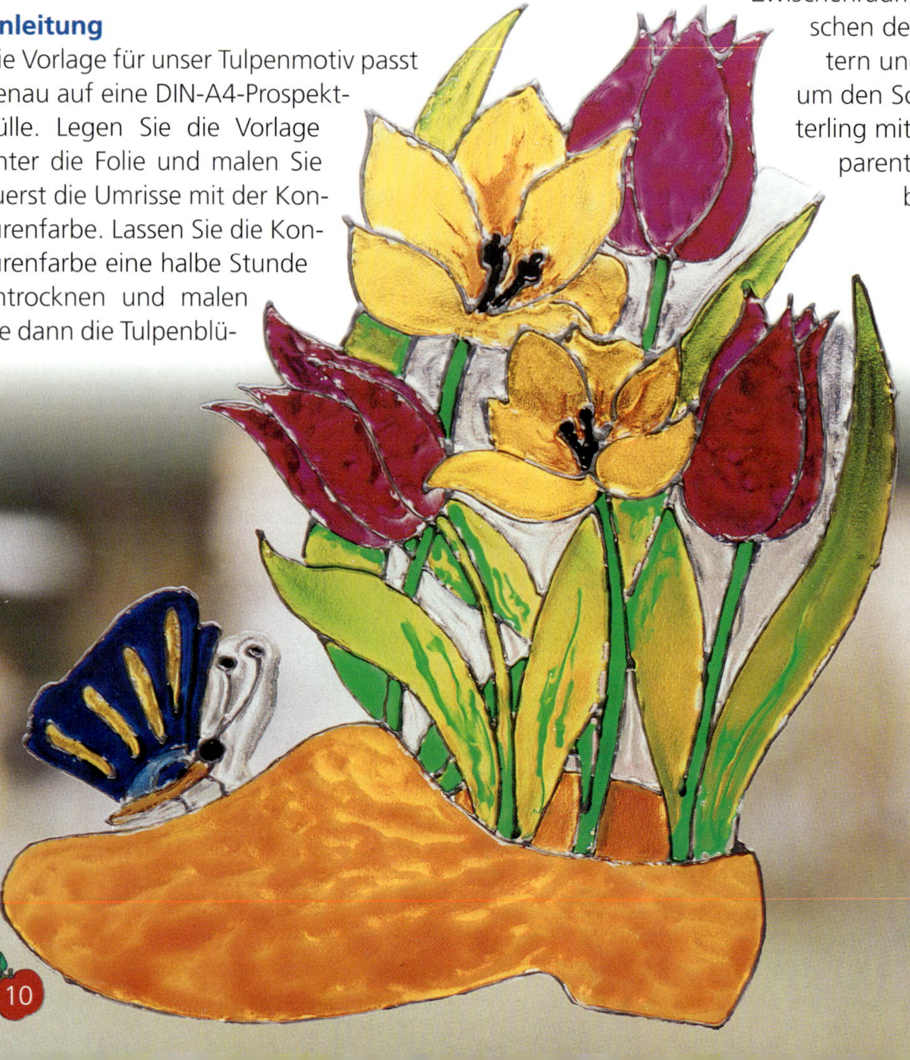

2. Eierkünstler

Anleitung

Legen Sie die Vorlage unter die Folie und malen Sie zuerst die Umrisse mit der Konturenfarbe. Lassen Sie die Konturenfarbe eine halbe Stunde antrocknen (Herstellerangaben bitte beachten) und malen Sie dann das Huhn aus. Die Kämme und Kehllappen malen Sie rot aus, die Schwanzfedern dunkelgrün. Die Augen erhalten einen schwarzen Punkt. Das Ei malen Sie in verschiedenen Farben wie abgebildet aus und geben transparente Farbe in die Zwischenräume. Nach dem Durchtrocknen der Farbe können Sie mit der Konturenfarbe noch kleine Muster auf das Ei setzen.

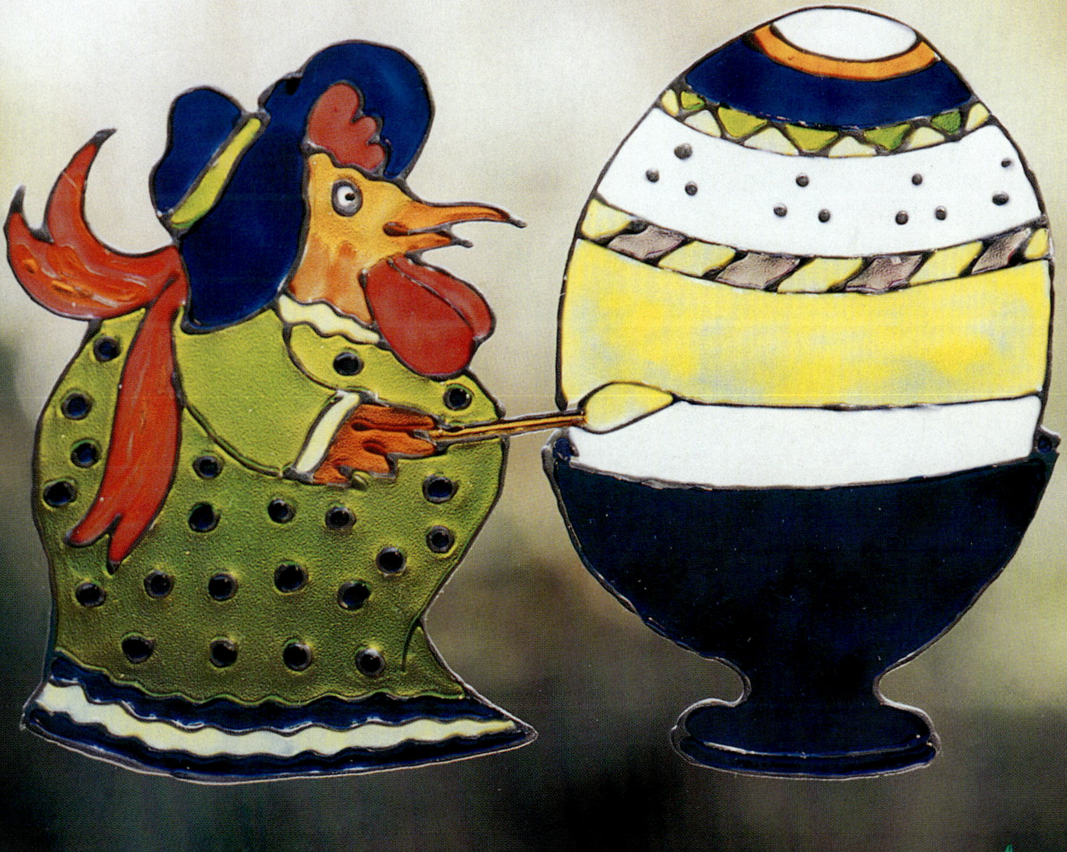

3. Frühlingsgezwitscher

Anleitung

Legen Sie die Vorlage unter die Folie und malen Sie zuerst die Umrisse mit der Konturenfarbe. Lassen Sie die Konturenfarbe eine halbe Stunde antrocknen und malen Sie dann die Blumen und Blätter, die Vogelhäuser und den Vogel wie in der Abbildung zu sehen aus. In die Zwischenräume des Motivs geben Sie Transparentfarbe, damit die filigranen Motivteile wie Henkel oder Blüten nicht abreißen können.

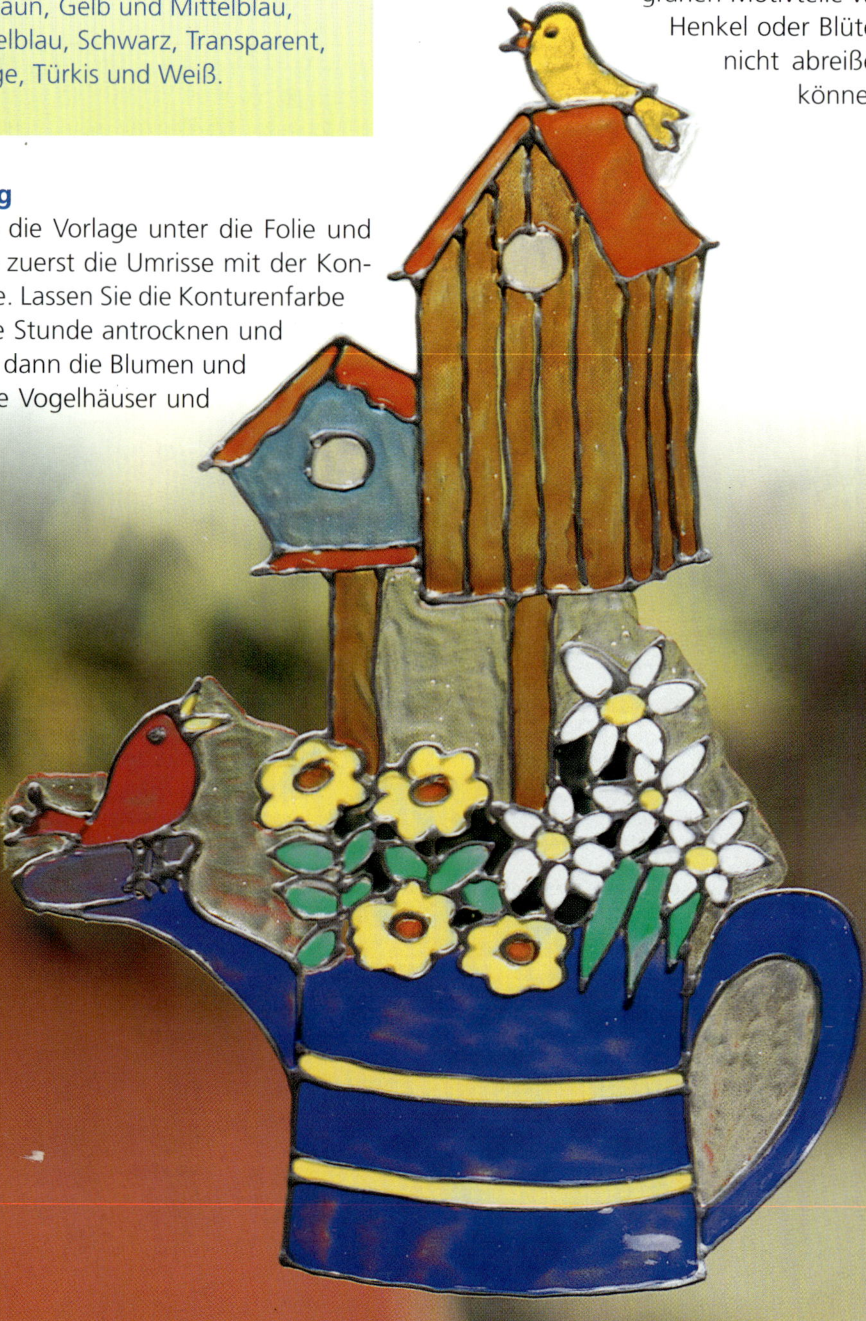

4. Hühner

Material
- ✦ Konturenfarbe in Bleimetallic
- ✦ Window-Color in Rot, Orange, Gelb, Dunkelgrün, Bernstein, Hellbraun, Schwarz, Hellgelb, Transparent
- ✦ Folie

Anleitung

Legen Sie die Vorlage unter die Folie und malen Sie zuerst die Umrisse mit der Konturenfarbe. Lassen Sie die Konturenfarbe eine halbe Stunde antrocknen und malen Sie dann die Hühner aus. Tragen Sie dazu pro Feld Gelb, Rot und Orange auf und verziehen Sie die Farbe ineinander. Die Kämme und Kehllappen malen Sie rot aus, die Schwanzfedern dunkelgrün. Die Augen erhalten einen schwarzen Punkt. Die Schale malen Sie hellbraun aus und geben von allen anderen Farben kleine Punkte in das Innere der Schale. Um die Füße bis zur Schale tragen Sie Transparentfarbe auf, um so die Einzelteile miteinander zu verbinden.

5. Meisenpaar

Material
✦ Konturenfarbe in Bleimetallic
✦ Window-Color in Weiß, Rosa, Hell-
  grün, Dunkelgrün, Braun, Gelb und
  Lila, Schwarz, Transparent
✦ Folie

Anleitung

Malen Sie die Umrisslinien des Motivs mit Konturenfarbe nach und lassen Sie diese eine halbe Stunde antrocknen. Malen Sie dann die Meisen blau und gelb aus. Verziehen Sie die Farbübergänge leicht mit dem Holzstäbchen, damit die Farben nicht hart aneinanderstoßen, sondern harmonisch ineinander übergehen.

Malen Sie nun die Blütenblätter rosa aus und geben Sie in einige Blattränder etwas weiße Farbe hinein. Blätter, Stamm, Augen und Schnabel malen Sie zum Schluss wie abgebildet aus.

6. Schmetterlinge & Co.

Anleitung

Legen Sie die Vorlage unter die Folie und malen Sie zuerst die Umrisse mit der Konturenfarbe.

Lassen Sie die Konturenfarbe eine halbe Stunde antrocknen und malen Sie dann die Schmetterlinge in den entsprechenden Farben wie abgebildet aus.

7. Schwertlilien

Material

- ◆ Konturenfarbe in Bleimetallic
- ◆ Window-Color in Hellgrün, Dunkelgrün, Moosgrün, Mittelblau, Dunkelblau, Transparent
- ◆ Folie

Anleitung

Auch diese Vorlage passt genau auf eine DIN-A4-Prospekthülle. Legen Sie die Vorlage unter die Folie und malen Sie zuerst die Umrisse mit der Konturenfarbe. Lassen Sie die Konturenfarbe eine halbe Stunde antrocknen und malen Sie dann die Blüten mit zwei verschiedenen Blautönen aus, damit sie plastischer wirken. Tragen Sie nun die Farbe für die Blätter in verschiedenen Grüntönen auf. Lassen Sie die Farben etwas antrocknen und malen Sie dann die Zwischenräume zwischen den Blättern und Blüten mit transparenter Farbe aus.

8. Erdbeerschale

Material
- ◆ Konturenfarbe in Bleimetallic
- ◆ Window-Color in Rot, Hellgrün,
  Dunkelgrün, Bernstein, Weiß,
  Dunkelblau, Transparent
- ◆ Folie
- ◆ Permanentstift in Schwarz

Anleitung
Übertragen Sie das Motiv von der Vorlage
auf Ihre Folie und lassen Sie die Konturenfarbe eine halbe Stunde antrocknen. Malen
Sie dann die Erdbeeren mit roter Farbe, die
Schale mit Bernstein, die Blätter und Stiele
grün aus. Malen Sie die weißen Felder des
Deckchens aus und lassen Sie diese etwas
antrocknen. Malen Sie erst danach die anderen Felder blau aus. Wenn das Bild ganz
durchgetrocknet ist, malen Sie die kurzen
Striche in die Erdbeeren mit dem schwarzen
Permanentstift.

9. Nordseemöwen

Lassen Sie die Konturenfarbe eine halbe Stunde antrocknen und malen Sie dann die Möwen mit hellblauer, mittelblauer und schwarzer Farbe aus. Die Steine und die Holzpfähle werden in Grün- und Brauntönen ausgemalt. Zum Schluss malen Sie die Schnäbel und Füße orange und die Augen schwarz.

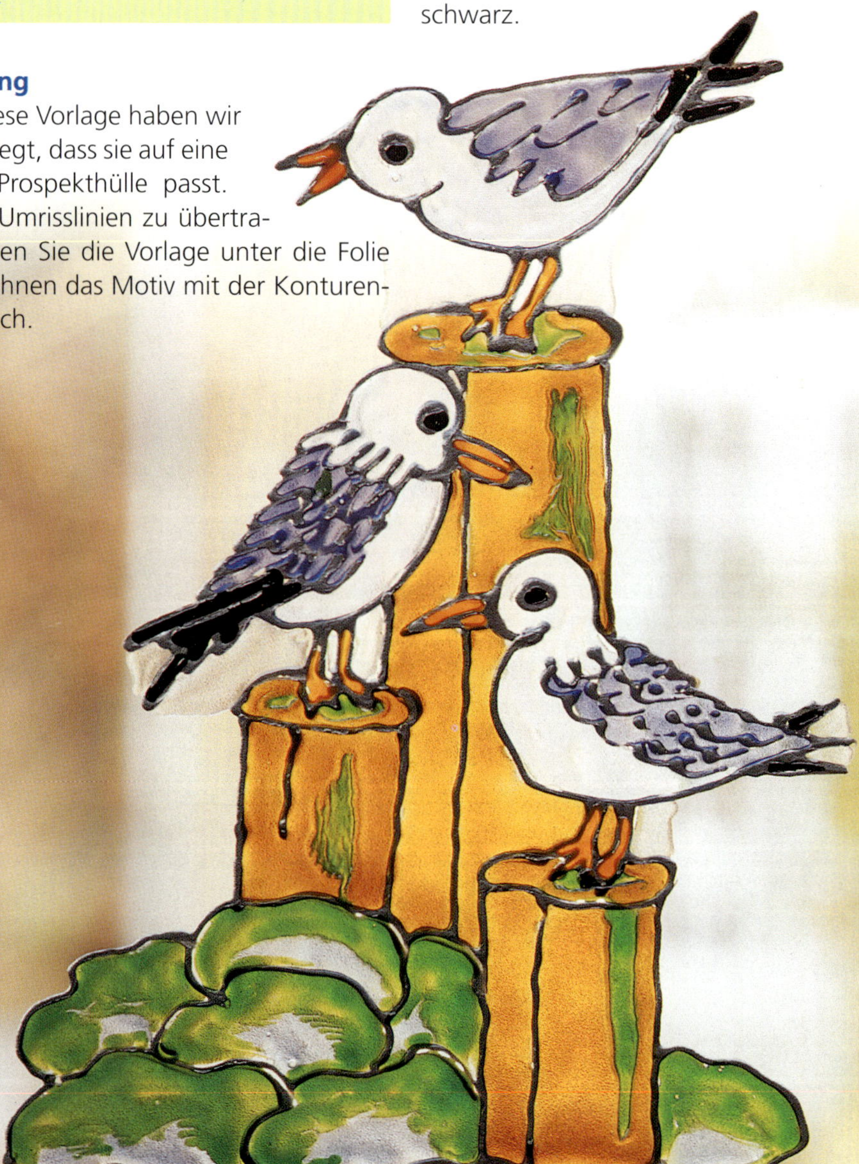

Anleitung

Auch diese Vorlage haben wir so angelegt, dass sie auf eine DIN-A4-Prospekthülle passt. Um die Umrisslinien zu übertragen, legen Sie die Vorlage unter die Folie und zeichnen das Motiv mit der Konturenfarbe nach.

10. Seepferdchen & Co.

Material
✦ Konturenfarbe in Bleimetallic
✦ Window-Color in Türkis, Dunkel-
grün, Gelb, Mittelblau, Dunkelblau,
Schwarz, Bernstein, Orange und
Transparent
✦ Folie

Anleitung

Legen Sie die Vorlage unter die Folie und malen Sie zuerst die Umrisse mit der Konturenfarbe. Lassen Sie die Konturenfarbe eine halbe Stunde antrocknen und malen Sie dann die einzelnen Motive wie abgebildet aus. Um feine Farbnuancen zu erzielen, werden bei den Seesternen und Seepferdchen jeweils zwei verschiedene Farbtöne aufgetragen und mit Holzstäbchen leicht ineinander gezogen.

Tipp: Viele Fische, Seepferdchen und Muscheln aneinander gereiht ergeben eine hübsche Bordüre für das Badezimmer!

11. Hundshitze

Material

- ◆ Konturenfarbe in Schwarz
- ◆ Window-Color in Hellgrün, Dunkelgrün, Bernstein, Hellbraun, Gelb, Schwarz, Violett, Lila und Transparent
- ◆ Folie

Anleitung

Übertragen Sie als erstes das Motiv mit seinen Umrisslinien vom Vorlagebogen auf die Folie und lassen Sie die Konturenfarbe antrock- nen. Beachten Sie für die Trockenphase die Angaben des Herstellers. Anschließend malen Sie das Motiv entsprechend der Abbildung mit Window-Color aus.

Für das Hundemotiv wählen Sie die Farben Bernstein und Hellbraun, wobei Sie mit dem helleren Farbton lichte Akzente setzen, indem Sie die Farbe mit einem Holzstab leicht in den dunkleren Ton verziehen. Abschließend verleihen Sie dem Bild zusätzliche Stabilität, indem Sie es mit Transparentfarbe umfahren.

Auch um die kleine Biene herum tragen Sie Transparentfarbe auf.

12. Kirschen

Material
◆ Konturenfarbe in Schwarz
◆ Window-Color in Rot, Weiß, Hellgrün, Dunkelgrün, Dunkelblau, Braun, Silbermetallic und Transparent
◆ Folie

Anleitung

Legen Sie die Vorlage unter die Folie und malen Sie zuerst die Umrisse mit der Konturenfarbe. Lassen Sie die Konturenfarbe eine halbe Stunde antrocknen und malen Sie dann die Kirschen in einem leuchtenden Rot aus. Malen Sie auf das Rot einige wenige „Lichter" in Weiß, die Sie mit einem Holzstäbchen leicht in den Rotton ziehen. Die Blätter werden hell- und dunkelgrün ausgemalt, die Stiele braun.

13. Igel im Laub

Material

+ Konturenfarbe in Bleimetallic
+ Window-Color in Beige, Hellgrün, Dunkelgrün, Moosgrün, Bernstein, Hellbraun, Rot, Schwarz und Transparent
+ Permanentstift in Schwarz
+ Folie

Anleitung

Übertragen Sie zuerst das komplette Motiv mit seinen Umrisslinien von der Vorlage auf die Folie und lassen Sie die Konturenfarbe antrocknen. Beachten Sie dabei die Angaben des Herstellers. Gemäß der Abbildung malen Sie anschließend den Igel, den Apfel sowie die Blätter mit Window-Color aus und setzen nach dem vollständigen Durchtrocknen des Bildes noch mit dem Permanentstift Akzente.

14. Kürbisse

Material

- ◆ Konturenfarbe in Bleimetallic
- ◆ Window-Color in Orange, Hellgrün, Dunkelgrün, Bernstein, Hellbraun, Gelb, Weiß, Beige, Moosgrün, Schwarz und Transparent
- ◆ Folie

Anleitung

Auch diese Vorlage passt genau auf eine DIN-A4-Prospekthülle. Legen Sie die Vorlage unter die Folie und malen Sie zuerst die Umrisse mit der Konturenfarbe. Lassen Sie die Konturenfarbe nach Herstellerangaben antrocknen und malen Sie dann das Motiv entsprechend der Abbildung aus.

15. Vogelscheuche

Material

- ✦ Konturenfarbe in Schwarz
- ✦ Window-Color in Orange, Moos-grün, Hellgrün, Dunkelgrün, Bern-stein, Hellbraun, Gelb, Mittelblau, Dunkelblau, Schwarz, Weiß, Rot, Transparent
- ✦ Folie

Anleitung

Die Vorlage ist passend für ein DIN-A4-Format angelegt. Legen Sie die Vorlage unter die Folie und malen Sie zuerst die Umrisse mit der Konturenfarbe. Lassen Sie die Konturenfarbe eine halbe Stunde antrocknen und malen Sie dann das Motiv aus, indem Sie Window-Color in die einzelnen Farbfelder setzen.

24

16. Novemberwetter

Material
+ Konturenfarbe in Bleimetallic
+ Window-Color in Bordeaux, Violett, Hellbraun, Gelb, Mittelblau, Dunkelblau, Schwarz, Türkis, Transparent
+ Folie

Anleitung
Legen Sie die Vorlage unter die Folie und malen Sie zuerst die Umrisse mit der Konturenfarbe. Lassen Sie die Konturenfarbe eine halbe Stunde antrocknen und malen Sie dann das Motiv gemäß der Abbildung aus. Nach dem Durchtrocknen der Farbe füllen Sie den Zwischenraum zwischen der Hundeleine und den Beinen mit Transparentfarbe aus, damit Ihnen das Motiv beim Abziehen nicht zerreißen kann.

17. Weihnachtskakteen

Material

- ✦ Konturenfarbe in Schwarz
- ✦ Window-Color in Orange, Pink, Hellgrün, Dunkelgrün, Bernstein, Hellbraun, Gelb, Transparent
- ✦ Permanentstift in Schwarz
- ✦ Folie

Anleitung

Legen Sie die Vorlage unter die Folie und malen Sie zuerst die Umrisse der Kakteen und der Töpfe mit der Konturenfarbe. Lassen Sie die Konturenfarbe eine halbe Stunde antrocknen und malen Sie dann das Motiv aus. Die Stacheln werden nach dem völligen Durchtrocknen des Bildes mit einem schwarzen Permanentstift aufgetragen.

18. Nikolausstiefel

Material
- Konturenfarbe in Schwarz
- Window-Color in Rot, Weiß, Hellgrün, Bernstein, Hellbraun, Hautfarbe, Gelb, Dunkelblau, Schwarz, Transparent
- Folie

Anleitung
Eine farbenfrohe Dekoration in der Vorweihnachtszeit ist dieses Motiv. Legen Sie die Vorlage unter die Folie und malen Sie zuerst die Umrisse mit der Konturenfarbe. Nach dem Trocknen der Konturen füllen Sie die einzelnen Farbfelder entsprechend der Abbildung mit Window-Color aus.

19. Schneemann

Material

- ✦ Konturenfarbe in Schwarz
- ✦ Window-Color in Bordeaux, Weiß, Mittelblau, Dunkelblau, Schwarz, Transparent
- ✦ Folie

Anleitung

Malen Sie das Schneemannmotiv mit der Konturenfarbe nach und lassen Sie die Umrisslinien auf der Folie antrocknen. Anschließend füllen Sie die Farbfelder mit Window-Color bis an die Konturenlinien aus.

20. Weihnachtskerze

Material

+ Konturenfarbe in Bleimetallic
+ Window-Color in Rot, Mittelgrün, Dunkelgrün, Bernstein, Goldmetallic, Transparent
+ Folie

Anleitung

Eine stimmungsvolle Dekoration zu Weihnachten finden Sie in dieser brennenden Kerze mit Ilexblättern. Um das Motiv zu übertragen, legen Sie die Vorlage unter die Folie und malen zuerst die Umrisse mit der Konturenfarbe nach. Lassen Sie die Konturenfarbe eine halbe Stunde antrocknen und malen Sie dann das Motiv gemäß der Abbildung aus.

21. Glücksschwein

Material
- ✦ Konturenfarbe in Bleimetallic
- ✦ Window-Color in Pink, Hellgrün, Lachs, Mittelblau, Schwarz, Weiß, Transparent
- ✦ Folie

Anleitung
Ein Neujahrsgruß der besonderen Art ist dieses Window-Color-Glücksschwein. Es lässt sich auf eine Sektflasche ebenso gut drapieren wie am Fenster. Zuerst einmal müssen Sie es jedoch vom Vorlagebogen übertragen, indem Sie die Umrisslinien mit Konturenfarbe auf Folie übertragen und trocknen lassen. Im Anschluss malen Sie das Motiv dann gemäß der Abbildung aus.

22. Krokusse im Schnee

Material
- ◆ Konturenfarbe in Bleimetallic
- ◆ Window-Color in Rosa, Pink, Violett, Weiß, Hellgrün, Dunkelgrün, Transparent
- ◆ Folie

Anleitung
Vorboten auf den kommenden Frühling sind unsere Schneekrokusse, die sich in leuchtend-bunten Farben von den tristen Tönen dieser Jahreszeit abheben. Legen Sie die Vorlage unter die Folie und malen Sie zuerst die Umrisse mit der Konturenfarbe. Lassen Sie die Konturenfarbe eine halbe Stunde antrocknen und malen Sie dann das Motiv gemäß Abbildung aus.

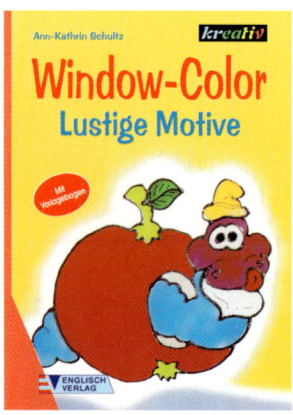

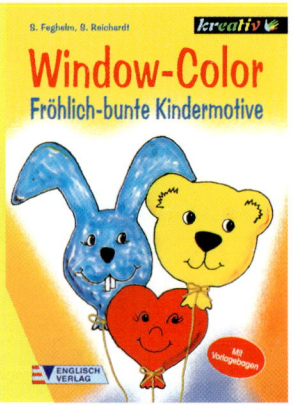